L'INSTRUCTION

POPULAIRE

PAR

EMILE MORLOT

JOURNALISTE A MONTBÉLIARD

PRIX : 50 CENTIMES

BELFORT

IMPRIMERIE ET LITHOGRAPHIE CLERC

—

MDCCCLXVIII

OUVRAGES POSITIVISTES

COURS DE PHILOSOPHIE POSITIVE, par Auguste Comte, 6 vol. Prix 45 fr. Chez J.-B. Baillière et fils, rue Hautefeuille, 19, à Paris.

SYSTÈME DE POLITIQUE POSITIVE, par A. Comte, 4 vol. prix 30 fr. 50 c. Chez Dunod, quai des Augustins 49, à Paris.

CATÉCHISME POSITIVISTE, par Aug. Comte. Chez le même.

NOTICE SUR LA VIE ET LES TRAVAUX D'AUGUSTE COMTE, par le docteur Robinet, 1 v., prix 6 fr.

COURS PHILOSOPHIQUE SUR L'HISTOIRE GÉNÉRALE DE L'HUMANITÉ, par M. Pierre Laffitte, directeur de la Société positiviste, prix 2 fr. 50. Chez Dunod, quai des Augustins, 49, à Paris.

CONSIDÉRATIONS GÉNÉRALES SUR L'ENSEMBLE DE LA CIVILISATION CHINOISE, par M. Pierre Laffitte, 1 vol. Prix 3 fr. Chez le même.

DES SYMPTOMES INTELLECTUELS ET MORAUX DE LA FOLIE, par M. le docteur Sémérie, 1 vol. chez Adrien Delahaye, 23, rue de l'École de médecine, à Paris.

L'INSTRUCTION POPULAIRE

A M. JOSEPH LONCHAMPT, ANCIEN ÉLÈVE DE L'ÉCOLE POLYTECHNIQUE, L'UN DES TREIZE EXÉCUTEURS TESTAMENTAIRES D'AUGUSTE COMTE.

A vous, Monsieur, l'humble hommage de mon travail; à vous dont les écrits m'ont fait connaître le côté religieux de notre puissante doctrine. Veuillez l'accepter comme une marque de ma reconnaissance.

EMILE MORLOT.

QUESTION

Posée par la Société d'émulation de Montbéliard.

De l'influence de l'instruction parmi les populations indus-trielles et agricoles ; apprécier son action mora e sur les deux classes, et les résultats matériels qu'on peut en attendre.

L'amour pour principe et l'ordre pour base,
le progrès pour but.

Le problème de l'instruction populaire s'impose de nos jours comme une haute nécessité sociale. A toutes les époques de l'histoire, le besoin d'exercice des facultés mentales s'est fait sentir, mais avec une intensité croissante à mesure qu'on s'est rapproché des temps modernes. Dans les sociétés antiques, l'esprit s'est révélé, dans les classes populaires, par la culture des arts de la forme, le dessin, la peinture, la sculpture et l'architecture. De là proviennent ces magnifiques et presque innombrables productions de chefs d'œuvre esthétiques dans l'antiquité. Au moyen âge, lorsque les labeurs intellectuels de la Grèce et les travaux sociaux de l'Italie eurent produit le monothéisme chrétien par la réduction du polythéisme, ce nouveau point de vue mental, le monothéisme, œuvre de docteurs, et toujours difficile à saisir par les intelligences populaires, nécessita une recrudescence d'activité dans le travail mental. Comme le monothéisme était devenu le lien politique et intellectuel de tous les occidentaux, il devint d'une absolue nécessité que chacun fût à même de connaître les principaux points du dogme, et que cette connaissance pénétrât dans les couches les plus profondes de la société. C'est alors que l'Eglise catholique eut ses orateurs publics chargés de réveiller l'intelligence populaire, et qu'elle fît à tout chrétien une stricte obligation d'*apprendre* et d'*enseigner* tour à tour. Les principaux points de la doctrine monothéique furent enfermés dans de courtes formules de prières, faciles à retenir, telles qu'il les fallait enfin pour l'état des esprits à cette époque, et bientôt chaque chrétien fut en état de déchiffrer ces courtes formules écrites. Ce soin constant de répandre l'instruction nécessaire à la compréhension du dogme et dela doctrine, cette prédication populaire, inconnue au paganisme, et soutenue ainsi à travers les plus pénibles obstacles, par le clergé catholique, finirent par produire leurs fruits, surtout lorsque les sociétés se furent enfin solidement constituées à l'abri de tout trouble extérieur. L'industrie commença dès lors à jeter ses premières assises, et ce nouveau fait social nécessita la Science, c'est-à dire une recrudescence extraordinaire d'activité mentale. Nous verrons plus loin quels moyens l'esprit dût employer pour se soustraire à la compression politique de l'ancienne doctrine, devenue insuffisante pour les nouveaux besoins et dont l'activité était épuisée.

De nos jours, par suite de la même marche des esprits vers la science, continuée depuis environ cinq siècles, le mouvement mental a acquis une activité qui st le grand phénomène actuel. Il est évident que ce mouvement n'a plus besoin d'excitation; il aurait, au contraire, besoin d'une réglementation. Car il se produit d'une manière tout a fait déréglée, sans but bien précis, sans vues d'ensemble, en un mot sans doctrine, sans système et livré à toute impulsion quelque dangereuse qu'elle soit, pourvu qu'elle soit assez énergique pour imprimer une direction.

Nous pouvons analyser avec assez d'exactitude la situation actuelle, dans une tentative bien connue en France, celle de M. Jean Macé, habitant de Beblenheim (Haut-Rhin). M. Jean Macé a, depuis quelques années, tenté de répandre les livres, quels qu'ils soient, sans choix, sans présenter même de méthode sûre pour choisir ; de les disperser, à profusion, dans les plus petites localités. Il vient, en outre, récemment, de proposer l'établissement d'une *Ligue*, dans le but de propager l'instruction dans les masses.

Avec un peu d'application, on finit par discerner l'intention de M. Jean Macé, vaguement exprimée et contenue implicitement dans toutes ses *agitations*, comme il les appelle. Son but n'est pas seulement de procurer à l'esprit une simple distraction, ou un certain degré de culture, il espère encore que, par une sorte d'opération mystérieuse, de cette culture intellectuelle résultera sinon la guérison complète, du moins l'entrée en convalescence du corps social affligé de tant de maux.

Il semble tout d'abord qu'il y a là une trop grande extension accordée à l'influence intellectuelle. Si nécessaire, si indispensable que soit la culture des facultés mentales, si prépondérante que soit la découverte de la vérité pour modifier les actes humains, tout le problème du bonheur social n'est pourtant pas renfermé dans cette unique condition. Et pourtant cette opinion est commune aux esprits actifs de notre temps ; il leur semble à tous que l'instruction soit la panacée à tous les maladies de la Société.

En conséquence de cette aspiration si vague et si mal définie, les tentatives de M. Jean Macé comprennent toujours deux faces distinctes, deux côtés différents que l'on pourrait appeler, l'un le côté *positif* ou organique, l'autre le côté *négatif*. Le côté positif se traduit dans les circulaires de M. Jean Macé par ces mots : *répandre l'instruction* ; le côté négatif se révèle par ceux-ci : *combattre l'ignorance*. Pour M. Jean Macé, l'ignorance, c'est le passé, et dans ce passé, c'est surtout le moyen-âge et sa doctrine. Rien n'est plus faux que l'idée que l'on se fait généralement du moyen-âge, surtout depuis la Réforme, qui a eu intérêt à calomnier et à mépriser cette époque historique. Une telle époque est encore à juger, et aucun esprit, parmi les docteurs et les littérateurs qui guident le mouvement mental en Europe, ne s'est trouvé de force à l'apprécier sainement et sans passion ni parti pris. Or, ce point de vue essentiellement faux et entièrement à rectifier, c'est la doctrine historique même du parti qui, en France, représente plus particulièrement le mouvement en avant, le progrès. M. Macé appartient donc au parti progressiste ; il ne le nie pas ; au contraire, il s'en fait gloire. Eh bien ! ce parti a une doctrine et des tendances qui vont à nous séparer de plus en plus du passé, à nous isoler en quelque sorte dans le présent, à nous réduire à la seule solidarité du moment, au seul attachement des contemporains entre eux. Voilà ce que ce parti désire faire pour l'espèce entière : l'isoler du passé, et, par suite, de l'avenir. D'où nous pouvons conclure, du général au particulier, que lorsqu'il s'adresse à l'individu, ce parti lui conseille de s'isoler, de ne compter que sur ses propres forces, de tout attendre de son initiative individuelle.

Ainsi, l'isolement du passé, de l'avenir, du milieu social, l'insurrection de l'individu contre la société, ou, en d'autres termes, de l'esprit contre le cœur, voilà le danger actuel. L'isolement, traînant à sa suite l'insoumission, l'insurrection, l'orgueil et la prédominance de l'égoïsme, décorés le plus souvent des noms d'indépendance et de liberté, tels sont les résultats produits par la surexcitation mentale, par la rupture d'équilibre des facultés humaines, lorsque l'on cherche à donner trop d'exercice à l'une de ces facultés au détriment des autres. Toutes les questions actuelles relatives à l'instruction du peuple portent en elles-mêmes ce dangereux caractère, qui se déguise généralement sous le nom de liberté d'examen. L'entreprise de M. Jean Macé contient en elle-même tous ces ferments anti-sociaux ; c'est pourquoi nous l'avons prise pour type de toutes les autres semblables.

Il importe cependant au plus haut point de donner satisfaction à ce besoin impérieux d'exercice mental qui saisit de nos jours tous les esprits, même dans les rangs inférieurs de la société. Il y a là un accroissement de vie qu'il est impossible de réprimer ; on ne peut arrêter de nobles organes qui demandent à fonctionner. Il faut leur accorder satisfaction, et la plus large et la plus complète possible. Mais il est nécessaire aussi de purger cette aspiration du caractère révolutionnaire qu'elle possède encore. Nous parviendrons à ce but par l'étude de la nature humaine. C'est dans une telle connaissance que nous trouverons le moyen d'observer mieux les faits, et, en conséquence, d'allier les conditions de *l'ordre* avec les exigences du *progrès*; nous satisferons ainsi et les conservateurs qui veulent la stabilité de peur de la ruine et de l'anarchie, et les progressites qui veulent le mouvement en avant.

Si les révolutionnaires croient trouver dans l'instruction du peuple le remède universel, cela tient à une cause profonde, à savoir, à l'idée que l'on s'est faite jusqu'ici de l'âme humaine. Sans remonter aux opinions sur la nature humaine aux diverses époques de l'histoire, nous n'avons qu'à consulter l'enseignement de l'Université actuelle sur ce point. Or, depuis Descartes, la métaphysique réduit l'âme à la seule intelligence. En vain l'école écossaise, depuis Hume, a voulu introduire dans cette étude les facultés bienveillantes, la métaphysique scholaire a constamment considéré l'âme comme si elle n'était que l'intelligence. De là cette opinion commune que la culture intellectuelle doit sauver l'Humanité et amener exclusivement au progrès. De là cette ardeur révolutionnaire à préconiser cette culture, et à combattre tous les obstacles qui s'y opposent et même à repousser étroitement toute vue qui, tendant à élargir le problème, semblerait apporter de la lenteur au mouvement intellectuel.

La définition même du problème, jointe au recours au bon sens vulgaire, nous rappelle tout de suite à une appréciation moins étroite de la nature humaine. *L'instruction, en effet, n'est autre chose que le développement et la culture des facultés intellectuelles de l'âme humaine.* L'âme humaine n'a-t-elle que ces facultés? Le bon sens public répond aussitôt que si l'homme est doué d'*esprit*, il est également doué de *cœur*, et que le mot *cœur*, d'après sa double acception de tendresse et d'énergie, comprend encore le *caractère*. Ainsi, nous trouvons, d'après le bon sens, l'âme humaine divisée en trois parties : esprit, cœur et caractère. Cette division, personne ne la niera. Ces trois parties sont bien réellement diverses. Le cœur n'est pas l'esprit, ni le caractère, et réciproquement. L'une quelconque de ces trois facultés peut être moins intense chez l'individu, et, dans ce cas, il constitue une exception malheureuse le plus souvent pour l'être lui-même, et quelquefois pour la société. La culture exagérée et peut-être à contre-sens de l'une quelconque de ces trois facultés au détriment des autres peut produire justement l'effet que produirait l'exception malheureuse naturelle. Or, c'est là précisément ce que nous propose de faire la théorie métaphysique et révolutionnaire dans l'instruction du peuple. Elle nous demande de cultiver une faculté plutôt qu'une autre, de rompre l'équilibre naturel, de créer des exceptions monstrueuses. Il y a plus : elle nous incite à développer la faculté dont le besoin de culture se fait le moins sentir dans la nature humaine. Dans sa manie d'égalité, elle considère tous les hommes comme égaux mentalement et comme ayant un égal besoin d'exercice intellectuel, ce qui est le point le plus faux qu'il soit possible d'imaginer, puisque l'expérience historique elle-même nous démontre que la culture intellectuelle n'est le fait que de rares natures d'élite, dont le petit nombre suffit à la direction et au bon-

heur du genre humain. De plus, la très-défectueuse institution des moyens que propose la métaphysique révolutionnaire serait plutôt capable, en excitant la vanité mentale chez tant de débiles esprits unis à des cœurs vicieux,
d'amener le contraire du progrès, c'est-à-dire la rétrogradation vers les théories et les doctrines épuisées, revêtues
de tous les caprices d'une imagination fantasque qui croit
faire du neuf en rajeunissant le vieux, en un mot vers la
folie, ainsi que nous le démontrerons plus loin.

Nous pouvons, en conséquence, poser en principe que
les trois facultés de l'âme humaine étant un *consensus* doi-
vent marcher d'un même pas et être cultivées en même
temps, c'est-à-dire que le véritable progrès consiste dans
l'*éducation*, et non dans la seule instruction.

L'instruction a donc pour objet de cultiver les facultés
intellectuelles de l'homme. Sans doute, lorsque l'une des
facultés est cultivée soigneusement, il se produit des réac-
tions sur les autres, mais elles sont toujours plus faibles
que les effets directs de la culture sur ces facultés négli-
gées. Nous ferons abstraction pour un moment de la réac-
tion que la culture des facultés intellectuelles produit sur
les facultés morales et actives, soit pour les développer,
soit pour les comprimer.

L'intelligence n'est par elle-même ni morale ni immo-
rale ; elle participe en ce sens de la nature des facultés actives, également indifférentes au bien ou au mal. Elle est
simplement un flambeau, une lumière qui éclaire l'action à
accomplir, que cette action soit de destruction ou de construction ; c'est un moyen pour parvenir au but désiré, que
ce but soit bon ou mauvais. L'impulsion est donnée aux
facultés intellectuelles par les passions proprement dites.
L'intelligence ne procure, par son exercice, aucune satisfaction comparable à celles que donne le mouvement des
passions. Sans doute, de nobles esprits sont vivement émus
par la découverte de la vérité ; mais ces jouissances délica-
tes sont le partage des natures d'élite, et l'immense majorité des hommes ne les ressent qu'à un très-faible degré,
sinon pas du tout. Ce n'est donc pas cette sorte de fugitive
et noble jouissance qui peut déterminer l'homme à la culture et à l'exercice des facultés mentales. La difficulté que
l'on éprouve à convaincre les hommes, à tout âge de la vie,
de la nécessité d'étudier, à les déterminer à s'appliquer à
l'étude, est une preuve convaincante du peu de cas qu'ils
font de ces nobles jouissances. Ceux qui lisent ne le font
ordinairement qu'en vue des satisfactions passionnelles que
fait naître la peinture des sentiments et des passions, ou

bien en vue d'une satisfaction de vanité ou de curiosité, ou même en vue d'un certain besoin très-faible d'exercice mental. Ces derniers sont les plus avancés et passent ordinairement pour des docteurs.

Le spectacle du développement des facultés mentales dans l'espèce nous apporte la preuve irrésistible de la faiblesse et du peu de prépondérance de ces nobles facultés dans la nature humaine. Que l'on compare, par exemple, l'immense espace de temps qui s'est écoulé entre la découverte du principe d'Archimède et celle de l'électricité dynamique par Volta, on jugera de l'énorme lenteur des progrès de l'esprit humain, qui n'avance qu'avec des peines infinies, à la suite de l'évolution sociale elle-même, tandis qu'au contraire les passions et l'activité remplissent tout de leurs orageuses péripéties. Et que l'on ne vienne pas nous dire, avec l'école révolutionnaire, que si l'esprit humain n'avance pas plus rapidement, c'est parce qu'il existe, de la part d'une catégorie quelconque d'êtres humains, une conspiration contre lui. C'est là un rêve de la folie métaphysique, qui a pu avoir son excuse dans un court moment de l'histoire, mais qui serait extrêmement coupable aujourd'hui. Non, si l'esprit humain n'avance pas plus promptement, ce n'est la faute à personne ; c'est le résultat de la faiblesse inhérente à cette précieuse faculté.

Il ne faudrait pas croire, avec le protestantisme et la révolution, que l'espace de temps compris, par exemple, entre les principales découvertes de l'antiquité grecque, et de la science moderne, ne soit si considérable que par la tyrannie des prêtres, qui, surtout au moyen âge, auraient mis obstacle à toute recherche de ce genre. De telles raisons font sourire, invoquées de nos jours, et on les relègue parmi les curiosités de guerre d'un temps qui n'est plus. S'il est un fait certain, c'est que le moyen âge lui-même est rempli par la recherche et la constitution d'un énorme fait intellectuel, primordial, primant d'abord tout autre découverte scientifique qui devient, en conséquence, d'un intérêt secondaire, quelle que soit son importance relative, et ce fait mental si considérable, préparé par les travaux intellectuels de la Grèce et par les travaux sociaux de l'Italie, c'est l'établissement du monothéisme, à la suite duquel seulement pouvait se produire, plus rapide, la cons itution définitive de l'édifice scientifique. Ne fallait-il pas, en effet, pour observer les lois immuables des choses, déblayer le terrain de tous ces êtres surnaturels qui l'obstruaient au temps du polythéisme, écarter toutes ces Volontés à l'aide desquelles on obtenait pour les phénomènes des explications trop faciles et dont se pouvait contenter l'enfance de la raison humaine, réunir ces Volontés en une seule, afin de laisser un champ plus vaste à l'investigation positive ? Donc le moyen âge, contrairement à l'opinion reçue, est occupé par un fait essentiellement mental.

Si c'était ici le lieu de pousser plus loin nos recherches, nous montrerions le digne clergé catholique, au moyen âge, n'avoir, en réalité, d'autre préoccupation que de repousser, même dans les plus petites choses, les explications par les causes surnaturelles ; affirmer l'excellence et la supériorité du présent sur le passé, même sur le passé religieux, sur le passé biblique, dont la connaissance, avec beaucoup de bon sens, était restreinte aux seuls docteurs dans de sages mesures, et par là affirmer le progrès et y pousser avec une vivacité et une énergie que pouvait seule donner le sentiment instinctif des immenses destinées de la Société moderne en marche vers la Science positive. La Réforme ne sut pas respecter les sages limites ainsi posées à l'indépendance individuelle, et elle rétrograda vers le passé — vers le passé biblique, il est vrai, mais cependant dangereux. On peut constater, en effet, qu'en livrant l'individu à lui-même, elle tendit à restaurer l'esprit thaumaturgique et prophétique, et si la philosophie ne fût intervenue, nul doute que les aberrations les plus graves ne fussent sorties de ce retour au passé. Ce que combattit Luther, ce fut surtout l'esprit aristotélicien, au nom de l'inspiration théologique et de l'esprit absolu. La Réforme rétrograda en vertu d'une loi de l'esprit humain que nous allons fixer plus loin dans l'individu livré aux divagations de la liberté d'examen. Il nous suffit ici de dire que l'esprit humain, quoique lent dans sa marche spontanée, n'en est pas moins en activité, et toujours du côté du besoin le plus pressant et le plus opportun, ce qui ne contredit en aucune manière ce que nous disons de sa faiblesse.

De ce que l'évolution mentale est très-lente dans l'espèce, nous en concluons que les facultés intellectuelles sont faibles. L'aspect de la Société corrobore aussitôt notre point de vue. Nous apercevons, en effet, que, sur la totalité des êtres humains, une minorité très-faible est en possession de se servir, avec quelque fruit pour autrui, des facultés mentales ; que, dans cette minorité même, il faut encore faire un choix pour trouver des cervelles véritablement pensantes, c'est-à-dire dont les conceptions servent pour l'avenir et qui aient le caractère de la prévision scientifique. Il n'existe peut-être pas actuellement, dans toute l'Europe, quinze personnages dignes du nom de penseurs. On voit donc par ces faits aisément vérifiables combien

sont faibles les facultés mentales dans l'espèce. Il en est
exactement de même dans l'individu. De plus, dans l'examen de l'individu, la biologie nous apporte aussitôt une
nouvelle preuve à l'appui de ce que nous avançons, c'est
que, dans la cervelle humaine, les parties postérieures les
plus rapprochées des organes de la vie végétative l'emportent en volume, en poids et en nombre sur les parties supérieures, où se placent, du consentement général de la science, les parties intellectuelles. Nous n'avançons rien par
cette proposition qui ne soit affirmé et enseigné par les
écoles de médecine. Nous pouvons donc conclure que, chez
l'individu comme dans l'espèce, dans la nature humaine
enfin, les facultés mentales sont inférieures en prépondérance aux facultés morales et aux facultés actives. La solution de la question qui nous préoccupe est tout entière
dans cette appréciation de la nature humaine. On voit clairement que l'instruction n'est qu'une partie de l'éducation,
et non pas même la partie prépondérante.

Passons maintenant à un point de vue plus particulier
de la question, et examinons les effets de l'instruction telle
que la comprend la métaphysique, sur l'ouvrier en particulier, soit industriel, soit agricole.

L'ouvrier, par le seul fait qu'il appartient au prolétariat,
fait partie de cette immense majorité où les facultés mentales sont peu éminentes et peu nécessaires. Socialement,
l'ouvrier est irresponsable, par cela même qu'il n'est pas
entrepreneur. Le besoin de ses services est immédiat, et
cela lui donne la possibilité de les faire apprécier sur-le-champ et sans efforts. L'entrepreneur, lui, a un besoin réel
de réflexions, de méditations, dont l'exactitude ne se vérifie qu'après un certain temps, quelquefois très-long. Parmi
les devoirs qui incombent à l'entrepreneur se trouve celui,
strict et obligatoire au premier chef, de veiller à la conservation de son personnel. L'ouvrier, par cette raison, surtout
quand cette situation se prolonge, comme dans les fabriques, est dans une sorte de tutelle, sous un patriciat protecteur.

La division, dans les conditions respectives des travailleurs, en chefs ou entrepreneurs et en ouvriers proprement dits, est naturelle, fondamentale. Lorsqu'on tente
d'en changer les conditions, on tombe dans une situation
plus ou moins anarchique. Pour tout travail bien fait, il ne
faut qu'une tête pour concevoir le plan ; il peut y avoir plusieurs mains qui l'exécutent. Telles sont les conditions naturelles qui dominent toute situation industrielle quelcon-

que, tout concours pour une entreprise soit de destruction, soit de construction.

Le spectacle du passé historique, dont, contrairement aux tendances de l'école révolutionnaire, nous faisons le plus grand cas, nous enseigne encore autre chose relativement au prolétariat. C'est que cet état est le partage de la majorité des hommes, qui ne peuvent en sortir sous peine d'anarchie et de rupture du lien social. Il importe donc de les y maintenir et de leur faire trouver le bonheur dans cet état. C'est la même loi d'ordre qui a amené historiquement la fixation sur un sol déterminé, des tribus d'abord nomades, et qui a fait cesser les invasions des peuples barbares sur le territoire européen, où on les a obligés à se fixer. Le déclassement social est autant à redouter que les invasions des Barbares. On voit de plus par ce rapprochement que le prolétariat n'est point encore suffisamment incorporé à la société moderne, et que trop souvent les prolétaires sont encore réduits au sort de véritables nomades, tant sous le rapport de la non-fixation au sol, dont ils ne sont pas propriétaires, que sous celui de la demeure, qui n'est pas fixe, et même de l'absence de propriété des outils et des choses indispensables à l'usage personnel. Mais il est facile aussi de constater que les sollicitudes sociales des patriciens et des penseurs sont tournées déjà de ce côté, ce que prouve l'établissement des cités ouvrières, des monts-de-piété, etc. Nous ne comptons pas la dangereuse tentative connue sous le nom de *sociétés coopératives*, due à la métaphysique révolutionnaire, ni l'institution bourgeoise des caisses d'épargne, qui s'adresse aux instincts inférieurs du peuple et prêche indirectement la méfiance des chefs et le déclassement.

L'histoire nous montre également que cet état du prolétariat a été sans cesse en s'améliorant par l'effet de la providence sociale. Les prolétaires ont composé d'abord la race des faibles, des vaincus à la guerre, livrés sans pitié à la merci des forts, qui, longtemps peut-être, les ont sacrifiés; jusqu'au moment où, les sociétés devenant plus stables, on a pu les fixer, dans l'esclavage, à un commencement d'industrie. L'esclavage s'est lui-même tranformé en servage, lorsque la guerre est devenue simplement défensive au moyen âge, et enfin le servage a eu pour conséquence l'état de liberté, d'abord confuse et sans règle, au sein duquel chefs et ouvriers étaient confondus sur un pied d'égalité fraternelle. Peu à peu, les chefs sont sortis de la masse commune, et le véritable problème industriel de nos jours consiste dans leur éducation morale, dans le règlement de leur énergique activité au profit du corps social.

Ainsi, le prolétariat, dans son ensemble, est soumis à des conditions de stabilité déterminées par des lois d'ordre social. Le prolétariat ne pourra jamais devenir un patriciat, sous peine d'anarchie, car le nombre des chefs doit toujours être plus restreint que celui des ouvriers. D'ailleurs, il est évident que la condition d'ouvrier, bien comprise, est aussi une fonction sociale, indispensable et servant d'appui à toutes les autres, et qu'elle comporte, en conséquence, des vertus qui relèvent et ennoblissent réellement l'homme. C'est faute d'avoir saisi cette dernière indication que l'ouvrier n'a pas encore acquis de sa mission une idée assez élevée. Il ne lui vient pas à l'idée de se considérer comme un organe indispensable d'un besoin public ; il se regarde toujours comme une sorte d'esclave que ses efforts privés ont émancipé. L'industrie tout entière se ressent d'une telle manière de voir ; elle n'a pas encore acquis suffisamment la dignité civique auquel elle a cependant tant de droits ; de là cette rapacité qu'on lui reproche, reste d'éducation d'esclave et de serf mal émancipé qui craint à tout instant de retomber sous le joug dont il s'est affranchi :

Extenuata gerens veteris vestigia pœnæ!

De là aussi, chez les métaphysiciens, cette sorte de pitié charitable qui les pousse à plaindre l'ouvrier, à lui conseiller d'améliorer son sort par l'instruction, l'épargne et l'activité. Conseils dangereux en ce qu'ils mènent au déclassement. Ce qu'il s'agit réellement de faire, c'est de montrer à l'ouvrier qu'il remplit une fonction publique, sociale, indispensable, nécessaire, et de lui faire voir sans cesse que son devoir, son bonheur, sa noblesse réelle consistent à s'y maintenir et à la remplir de mieux en mieux. Ce point de vue élevé est le principe véritable de la saine éducation populaire.

Dans sa constitution intérieure, le masse active est soumise à un ordre hiérarchique naturel par sa division en chefs et en ouvriers. Dans de telles conditions d'ordre, qui ne peuvent être méprisées sans de graves dangers, quelle doit être la conduite à tenir à l'égard de l'instruction du prolétaire? Nous pouvons établir tout d'abord : 1° qu'en vertu du peu d'éminence et de nécessité des facultés mentales et de le prépondérance des facultés morales et actives de la nature humaine, elle sera plutôt morale qu'intellectuelle ; 2° que la culture intellectuelle doit être limitée pour le prolétaire dans une certaine et sage mesure.

Il ne faudrait pas croire que l'instruction scientifique étendue soit nécessaire à l'ouvrier pour exercer son métier et devenir même un homme distingué dans sa profession. Pousser l'ouvrier à la culture scientifique dans le but de faire progresser les métiers, c'est, au fond, se préoccuper trop des progrès de l'industrie. L'industrie n'a plus besoin d'être engagée dans la voie du progrès à outrance ; c'est trop souvent le fait d'ignobles spéculations d'exciter encore à la recherche dans cette voie. D'ailleurs, l'insuccès notoire des exhibitions coûteuses et puérilement vaniteuses connues sous le nom d'Expositions universelles, indique bien que l'excitation au progrès matériel n'est plus le besoin dominant des temps. L'Etat ne tardera pas à comprendre qu'à l'égard de l'industrie comme envers toute autre branche de l'activité humaine, son action sage doit consister à régler, à diriger et non à surexciter. Se préoccuper de l'instruction eu égard aux résultats matériels qu'elle peut produire, implique une intention à la fois arriérée et peu élevée. Arriérée, parce que, politiquement, elle tire sa source secrète d'une pensée de rivalité et de concurrence commerciale et industrielle, dernière forme de la guerre entre les nations. Le progrès ne se marque plus, entre les peuples, par des entreprises d'accroissement territorial, ou des pensées d'augmentation d'influence. Dans de telles aspirations, on se préoccupe toujours moins de la quantité que de la qualité des produits. La préoccupation que nous signalons ici est, en outre, peu élevée, si, au point de vue simplement civil, elle n'a pour but que l'augmentation des richesses matérielles. Une telle augmentation est-elle réellement un bienfait si elle doit être obtenue, sans souci des désordres moraux que peut entraîner la culture exagérée de l'esprit, dans les temps actuels surtout, et en ne voyant dans l'instruction qu'un moyen d'activer et d'améliorer la besogne et ses résultats ? Il n'est pas sûr, en outre, et le contraire est même certain, que la négligence des préoccupations de culture morale directe dans le problème de l'instruction publique, agrandisse beaucoup les idées, donne de la profondeur et de hautes impulsions à l'esprit. C'est le contraire qui a lieu, en vertu de l'axiome de Vauvenargues : *Les grandes pensées viennent du cœur.* On va donc contre le but lorsqu'on s'occupe de répandre l'instruction uniquement en vue de l'amélioration des produits du travail. Désormais, dans toute question industrielle, le véritable chef devra plus se préoccuper de la qualité que de la quantité des produits livrés au commerce, et cela en vue d'éviter l'encombrement des marchés, les chômages et les grèves. Mais la qualité à donner au produit tient bien moins à une question d'instruction qu'à

une question de discipline ou d'éducation, ce qui nous ra-
mène à la manière de voir que nous exposons ici.

Si l'instruction scientifique étendue est peu nécessaire à
l'ouvrier, elle ne lui est guère accessible non plus par l'é-
norme temps qu'il lui faudrait pour l'acquérir et dont il ne
peut absolument disposer. Les méthodes d'enseignement
actuel des sciences sont défectueuses ; la plupart des trai-
tés et des maîtres enseignent les sciences dans leurs parti-
cularités les plus intimes, absolument comme si l'on en
devait faire le métier de toute sa vie. On sent de suite que,
par l'emploi d'une telle méthode, il est impossible à l'ouvrier même le mieux doué de se charger d'une telle quantité
de travail en sus de sa besogne quotidienne obligatoire.

Mais, d'un autre côté, il est extrêmement utile que l'ouvrier possède, du moins, la connaissance des principes généraux des sciences, de telle manière qu'il n'y ait entre le
prolétaire et le savant d'autre différence essentielle que
celle de principes connus et admis de confiance
sans vérification de preuves, et celle de la vérification complète et la démonstration possible de ces mêmes
preuves. En d'autres termes, il n'y aura de différence que
dans le degré plus ou moins prononcé d'initiation scientifique, et les deux esprits devront posséder la même con-
ception philosophique de l'ensemble des sciences et de cha-
cune des sciences en particulier. Mais dans l'état actuel de
l'enseignement, ces principes généraux sont extrêmement
mal digérés et mal présentés. Il n'existe, dans les livres
d'enseignement, aucune classification raisonnée et métho-
dique des diverses sciences entre elles et entre chaque partie d'une science particulière. On n'est même pas d'accord
sur le nombre réel des sciences ; les sciences supérieures,
celles qui ont pour objet la Société et l'Homme, c'est-à-
dire celles dont la connaissance importe le plus à l'ouvrier,
à savoir la Science sociale et la Morale, ne sont pas classées
parmi les sciences et n'en reçoivent pas le nom, tandis que
certains esprits faux admettent au nombre des sciences certaines carrières de praticien, telles que l'économie politique,
la géologie, l'histoire naturelle, et même de prétendues
sciences qui appartiennent aux états inférieurs de la raison, à la fiction, à savoir la théologie et la métaphysique.
D'un autre côté, le particularisme académique, livré aux
divagations de l'esprit absolu, considère la Science comme
ne pouvant être limitée, comme offrant un champ infini à
toutes les investigations, ce qui ouvre une carrière admirable à la rêverie nuageuse et oiseuse, au spécialisme et à
la médiocrité. Comment introduire l'ouvrier dans ce Dé-

dale, où s'égare le plus souvent la foule des intelligences bourgeoises qui peuple les Académies et l'Université,et que cependant l'on dote à grands frais du loisir nécessaire à la saine culture mentale ? Tant qu'il n'existera dans les sciences aucune classification , tant que les parties de chaque science ne seront pas méthodiquement ordonnées, tant que les principes généraux et fondamentaux n'en seront pas parfaitement élucidés , comment pourra-t-on se proposer d'initier le peuple à un tel cahos? Avant de songer à donner au prolétaire l'instruction scientifique, que les chefs du mouvement mental pensent eux-mêmes à régler ce mouvement. ou à coordonner l'édifice. Rien de possible avant cela, rien que des mesures provisoires, à moins de descendre aux avances trompeuses que font les doctrines et les systèmes arriérés et devenus perturbateurs, de la fictive théologie ou de la séditieuse métaphysique.

Ansi, indépendamment de la situation sociale qui ne laisse pas de loisir, indépendamment de la faiblesse naturelle des facultés mentales, l'état d'anarchie ou du moins de formation incomplète de l'enseignement scientifique supérieur ordonne de ne répartir provisoirement l'instruction au peuple que dans de justes limites et avec une sage modération.

C'est le spectacle de l'espèce qui nous instruit de ce que doit et peut faire l'individu, puisqu'il en est de l'initiation individuelle aux sciences comme de l'intiation générale. Or, particulièrement depuis quatre à cinq siècles, quel spectacle nous présente l'Humanité à la recherche de la vérité scientifique ?

La Société moderne est dominée par un fait général, universel, dans lequel se condense, pour ainsi dire, tout le mouvement de l'Humanité. C'est celui de la constitution de la Science, sous son double aspect de philosophie *naturelle* et de philosophie *sociale*. Ce mouvement est impérieusement commandé par l'état même des sociétés. Depuis qu'elles sont devenues fixes, stables, la guerre a cessé pour elles d'être au moyen de subsistance et même quelquefois un but ; elles ont dû demander à l'activité pacifique ce qu'elles obtenaient auparavant de l'activité guerrière, et de là établir l'industrie. Mais l'état industriel ne peut point progresser sans la science ; il reste à l'état d'art concret entre les mains des travailleurs, si une classe ne s'élève aussitôt, chargée d'étudier les choses dans leurs abstractions et leur généralité. Le moyen âge avait établi, dans son puissant clergé, une caste de théoriciens ; mais ces théoliciens s'appuyaient sur une doctrine provisoire, fictive dans sa généralité et empirique dans sa pratique. Il fallait donc, d'un côté, détruire cette théorie fictive et ces théoriciens provisoires, et de l'autre constituer la doctrine positive et démontrable et les théoriciens réels, c'est-à-dire les savants. Il fallut donc soulever l'individu contre l'ensemble du système, prêcher et recommander l'individualisme, le particularisme, la prédominance du *moi* et du point de vue personnel, afin que chacun, suivant sa nature, pût procéder à la constitution de la partie de l'édifice scientifique qni répondait le mieux à ses aptitudes. On pourrait appeler *âge de la spécialité* le temps qui s'écoula depuis le quinzième siècle jusqu'au dix-neuvième. Les têtes véritablement pensantes profitèrent de cette spécialisation pour tenter en liberté des voies nouvelles dans la recherche des lois ; il en résulta la constitution rapide de l'édifice scientifique tel que nous commençons à l'entrevoir aujourd'hui. De nos jours, ce besoin de spécialisation est satisfait, et pousser plus loin, dans chaque branche de la science, les efforts spécialistes, ce serait tout ramener à la confusion. La siecle actuel a surtout besoin de généralité et de coordination.

En dehors de ces grands esprits qui, mûs par une moralité supérieure, prenaient part au mouvement organique, se trouve une masse considérable d'esprits trop peu élevés pour pouvoir faire autre chose soit que de conserver, soit que de détruire. L'Europe se partage entre ces deux modes. Les pays du Nord, par suite même de leur état relativement peu avancé de civilisation, prennent part au mouvement de destruction ; les pays du Midi, en vertu d'une civilisation plus ancienne, d'une moralité plus élevée et de tendances plus nobles, restent passifs et se réservent le rôle de conservateurs, en attendant patiemment l'achèvement de l'œuvre organique des penseurs. C'est donc surtout dans l'examen des pays du Nord que se trouveront les symptômes les mieux marqués de la doctrine négativiste du libre examen ; c'est là qu'il faut les examiner pour en faire l'application à la classe prolétaie qui, par les fatalités qui l'entourent, se trouverait plus apte à prendre part au mouvement de destruction qu'au mouvement de construction. Eh bien ! nous remarquons que, dans les pays du Nord, ou protestants, la doctrine du libre examen a eu des effets tels qu'on en pouvait attendre sur des cerveaux trop faibles et des cœurs médiocres. L'instruction a été préconisée dans un double but : celui de résistance et de guerre à l'ordre de choses ancien ; ou celui des avantages matériels et de salut personnel qu'en reçoit l'individu. Recevant ainsi son impulsion de deux sources défectueuses, l'instruction a eu pour effet, dans le premier cas, de soulever et d'exalter l'instinct de violence et de guerre, et de là les innombrables séditions qui ont agité l'Enrope, la recrudescence d'intensité que prit la guerre à partir du XVIe siècle. Comme l'instinct de violence est contigu de l'instinct de luxure, le mariage a éprouvé les plus rudes atteintes ; toute sanction, même provisoire, même fictive, lui fut enlevée, ce qui amena bientôt l'esprit d'examen à ébranler la famille elle-même ; les aspirations vers la répression de l'instinct sexuel, furent rejetées et bafouées. Dans le second cas, l'instruction a surexcité la prédominance du moi et de l'égoïsme ; la corruption a dû être érigée en moyen politique de contenir les divagations ; en même temps, l'orgueil et la vanité ne connaissaient plus de frein.

Tel est le spectacle, facilement vérifiable, que nous offre l'histoire, des effets produits sur les âmes par la liberté d'examen et le côté négativiste de l'instruction dans les pays où ces appareils de destruction pénétrèrent.

Sur l'ouvrier, l'effet produit serait le même, les ravages atteindraient plus de profondeur encore, puisque l'anarchie, au lieu de rester politique, devient sociale.

En l'absence de toute doctrine pouvant imposer l'instruction au nom d'un principe d'amour et de dévouement réel, l'ouvrier reste en proie aux deux impulsions profondément anti-sociales qui lui recommanderaient l'étude soit au nom d'une liberté anarchique, soit au nom de son intérêt personnel. De plus, il demeure livré indifféremment à toute espèce de lecture, en l'absence de toute classification et de tout criterium qui puisse lui garantir que telle doctrine mène au triple progrès matériel, intellectuel et moral, et que telle autre est, au contraire, en voie de triple rétrogradation.

Etudions les effets de ces deux impulsions sur le moral de l'ouvrier.

Dans le cas de la première impulsion, l'ouvrier, ne travaillant que dans son propre intérêt, se sentirait dans une situation où les instincts égoïstes deviendraient habituellement prédominants. Il en résulte aussitôt une tendance notable à l'oubli, au mépris des autres, à l'insensibilité du besoin de concours, devoir cependant essentiel au prolétariat, puisqu'une œuvre ne peut s'achever que par la coopération de plusieurs. L'ouvrier alors voudra sortir de sa condition de coopérateur ; il tendra à devenir chef lui-même, en méprisant les chefs habituels, leur refusant tout respect et se plaçant vis-à-vis d'eux en état d'hostilité, quelquefois ouverte et violente, mais plus souvent, dans le cas qui nous occupe, déguisée et produisant l'envie et la jalousie. Il cherchera à se substituer à eux, soit par violence, soit par ruse, et cela se déguisera sous le nom de concurrence, d'association coopérative, c'est-à-dire d'entreprises où la faiblesse envieuse établit l'égalité, au détriment de la responsabilité. Sans doute, cet état se produit spontanément, par le fait de l'imperfection de la nature, mais l'instruction donnée aveuglément et sans préoccupations morales, augmente le danger de ces funestes et fatales tendances naturelles qu'il faut, au contraire, tendre sans cesse à réprimer. Du manque de respect envers les supérieurs, l'ouvrier en arrivera promptement au manque de bonté envers les inférieurs, à l'écrasement de la faiblesse et de l'incapacité, et c'est ce que l'on peut constater chez l'ouvrier instruit dans les conditions égoïstes de la première impulsion. Un tel individu, sans aucune préoccupation d'autrui, ne tarde pas, au détriment social, à s'enrichir, à sortir de sa classe et à passer dans la classe intermédiaire des bourgeois, qu'il augmente d'un parasite de plus.

Dans le cas de la seconde impulsion, le mépris des chefs est encore plus rapide, puisque l'instruction a précisément la liberté, l'insubordination pour base. Les instincts de violence et de ruse sont encore plus fortement surexcités. Mais les motifs de cette seconde impulsion ayant quelque chose de plus noble que ceux de la première, l'individu s'isole moins, est moins égoïste, sent davantage le besoin de concours et prend davantage pitié des inférieurs, faibles ou incapables. Il devient d'ordinaire un niveleur ardent, et tandis que l'un acquiert la propriété, celui-ci en demande le partage.

Le corps intermédiaire de la bourgeoisie se recrute ordinairement de ces deux sortes d'individus à qui l'instruction telle qu'on la donne aujourd'hui n'a servi que de luminaire à la satisfation de leurs mauvais instincts. On peut constater facilement les mauvais effets de l'instruction prodiguée sans but moral par le déplorable état que présente de nos jours la bourgeoisie. La bourgeoisie n'a aucune règle de conduite que son intérêt propre. Son mode favori de gouvernement est, en conséquence, l'isolement et le particularisme parlementaire, la tendance à la prépondérance du pouvoir local. Elle offre, surtout dans les petites villes, un déplorable spectacle de libertinage, de cupidité, d'oisiveté, de concurrence violente, de luxe effréné quelquefois, d'absence de bonté, d'esprit de sédition et d'orgueil. Ce sont là les symptômes d'un corps social en décadence, qui, depuis

1851, a mérité de se voir fermer la carrière politique et d'être livré à de prétendus docteurs saint-simoniens, jongleurs et journalistes, qui lui ont arraché le fruit de ses épargnes pour le lancer dans le gouffre de l'agiotage.

Examinons également le cas où, par suite d'heureuses dispositions naturelles, l'instruction vient à produire ce qu'on appelle un brillant sujet. Nous ne pouvons évidemment tenir compte des prodiges, car l'exception n'est pas la règle, et en s'occupant du peuple, il ne faut pas songer à Clairaut ni à Mozart. Le sujet qui s'élève ainsi ne sera donc jamais un génie de premier ordre. Il se trouvera donc dominé par le particularisme actuel sans pouvoir le modifier. En conséquence, il ne fera que travailler à nouveau le domaine scientifique déjà exploré, à savoir le domaine inorganique, soit dans son couple mathématico-astronomique, soit dans son couple physico-chimique, soit dans quelque branche de la biologie. Mais le domaine organique, il se gardera bien d'y toucher pour tenter généreusement d'y porter la lumière. Un tel esprit, dominé ordinairement par une ambition vaniteuse, cultivera quelque spécialité scientifique et trouvera naturellement sa place à côté de ceux qu'un écrivain humoristique a si plaisamment désignés sous le nom de *navets*, décorés de palmes académiques. C'est dans les divers degrés de cette catégorie que se classent les demi-savants de toute force, les lettrés et les demi-lettrés, dont la légion fournit un si riche appoint à la métaphysique révolutionnaire, et à qui l'Université a servi de poule couveuse. On conviendra qu'il n'est pas d'une nécessité bien pressante de déclasser les ouvriers pour en faire d'aussi inutiles savants.

La question de l'instruction des femmes n'est pas moins curieuse à observer. Chez elles, l'esprit et le caractère sont tout-à-fait inférieurs comme opposés à la fin à laquelle les destine leur constitution. Le cœur prédomine au contraire et leur ouvre une carrière sublime, dans laquelle elles dominent l'homme en inspirant, modifiant ou changeant toutes ses résolutions même les plus énergiques. Il est facile de voir que, par une culture exagérée de l'esprit, on procède chez elles à contre-sens des indications de la nature. On exalte ainsi leur vanité et l'on diminue d'autant l'intensité de leurs facultés d'attachement ; on tend à leur faire perdre l'humilité, la soumission, la modestie, qui leur sont si absolument nécessaires, car la pudeur n'est rien autre chose que l'humilité se rapportant au corps. La bonté même est affectée chez elle, elle s'affaiblit, sinon dans l'instinct maternel, qui est essentiellement égoïste. Les facultés mentales supérieures ne pouvant être que difficilement mises en jeu, ces femmes se rabattent alors sur les facultés inférieures d'*expression* et deviennent de belles diseuses ou des *bas bleus*.

Reprenant l'examen du prolétariat, nous remarquerons que, si l'action de l'impulsion d'égoïsme amène, dans le premier cas que nous avons décrit, le rétrécissement des idées ; dans le second, la liberté anarchique ou insubordination produit très-ordinairement chez l'ouvrier la perte du bon sens ou sens commun, par suite de la rupture d'équilibre et de la surexcitation des facultés mentales. Nul plus que l'ouvrier ordinaire ne connait mieux, ne prise davantage la subordination mentale, principe de la soumission morale. L'ouvrier, livré presque sans défense aux jeux terribles des forces de la matière, apprend, souvent par d'épouvantables expériences, a tenir un compte très-sévère de l'immuabilité des lois naturelles. Cela lui donne un sentiment très net de l'ordre et de la soumission à l'ordre, au moins matériel. Il sait que la loi est immuable, et il ne s'expose point a l'enfreindre, mais il sait aussi qu'elle peut être modifiée pour notre usage particulier et selon certaines conditions indiquées par la Science. Ce sont là les principes du bon sens qui, lorsque l'ouvrier est abandonné à ses propres impulsions, finissent, tant l'apprentissage de cette rude et sévère école lui reste profondément gravé dans les habitudes, finissent par le diriger sainement dans toutes les circonstances de la vie, qu'il soit en présence d'une force inorganique ou d'une force sociale. Le travail a donc pour résultat d'imprimer dans l'esprit la subordination à l'ordre physique et la soumission à l'ordre moral. Mais lorsqu'une instruction perturbatrice lui est donnée, lorsqu'on lui prêche la liberté, c'est-à-dire l'insoumission à l'ordre social, il en résulte dans son esprit une contradiction instinctive et pénible. De là habituellement résulte une prédisposition à un état mental peu sain, germe futur des plus graves perturbations publiques et privées.

Chez l'ouvrier agricole, les excitations à l'indépendance trouvent peu d'échos. Par suite de l'isolement habituel où il vit et de sa dissémination sur de vastes territoires n'ayant entre eux que des communications intermittentes avec les centres, la nécessité du concours social est peu sentie, les idées de liberté ont peu de prise. Au contraire, celles qui s'adressent à l'intérêt de l'individu sont vivement accueillies. Il en résulte une aggravation de la prédisposition naturelle à l'isolement et à l'individualisme, avec toutes les conséquences que nous avons signalées dans le cas de l'ouvrier soumis à l'impulsion égoïste, sauf la différence des circons_ tances locales. Mais, chez l'ouvrier agricole, ces prédispositions à l'isolement peuvent être augmentées encore par l'éducation religieuse, arriérée, surtout dans les pays protestants en général, et en particulier dans ceux où le piétisme tend à s'introduire. Le piétisme, en effet, ravive la doctrine chrétienne dont les tendances anti-sociales sont très-caractéristiques et n'ont été palliées, au moyen âge, que par les sages institutions politiques du catholicisme. La doctrine chrétienne prêchant le détachement, la fuite du monde et des créatures, les préoccupations de l'avenir céleste et du salut éternel, offre de grands dangers sociaux lorsqu'elle est présentée à l'habitant des campagnes indépendamment des précautions qu'emploie le clergé catholique.

Dans l'état actuel des esprits au sein des classes dirigeantes, il ne faut parler de l'instruction à donner au peuple que dans les limites de l'art, l'instruction primaire développée et quelques principes généraux des sciences. Le besoin réel du peuple n'est pas dans l'instruction, il est tout entier dans l'éducation.

Relativement au métier qu'il professe, l'instruction sert de peu au prolétaire. Aucune théorie ne saurait remplacer, dans les métiers ei les arts, l'apprentissage pratique absolument nécessaire et indispensable. Aucun métier ne s'apprend théoriquement ; c'est la pratique seule qui fait trouver les améliorations dans les métiers inférieurs ; dans les grandes entreprises, l'amélioration ne peut se faire que par l'intermédiaire de la classe théorique, dont l'intervention est nécessitée par la difficulté supérieure du problème.

Au contraire, l'éducation est absolument indispensable pour le bonheur de l'ouvrier, sa stabilité sociale et le règlement équitable de ses rapports avec les patrons. C'est de l'éducation seulement qu'on peut attendre les résultats matériels que la question posée ci-dessus affecte de demander à l'instruction. Mais qui donnera cette éducation ? Là encore règne le chaos dans les classes dirigeantes.

Les classes supérieures sont en possession d'un ensemble doctrinaire qui présente les signes irrécusables de la plus complète décomposition. A quelque degré que se présente cette décomposition, soit qu'elle conserve l'apparence de la pure théologie, soit qu'elle revête les formes multiples de la métaphysique, soit même qu'elle arrive aux degrés extrêmes de la métaphysique par le déisme pur et l'athéisme, toute la doctrine est fondée sur l'explication du monde inorganique et du monde social, par des volontés surnaturelles ou des entités essentiellement contraires à l'immuabilité

nécessaire des lois qui servent de base à l'industrie. Cette
doctrine a pris naissance dans un état social reculé, et la
constitution de l'industrie dans les temps modernes a été
un fait qui l'a prise entièrement au dépourvu. a nécessité
sa décomposition et amènera son extinction. Le fait industriel est tellement advenu en dehors de la doctrine, que,
pour elle, tout travail matériel était réputé vil, condamné
comme indigne d'une homme libre et regardé comme une
peine infligée au vaincu. Aous avons surpris des traces de
cette antique opinion dans la pitié des docteurs actuels pour
l'ouvrier, dans leurs conseils de déclassement et dans leurs
encouragements à l'instruction et à l'épargne. La doctrine
provisoire cherche en vain à effacer ce stygmate ; il existe
et est constaté par ses propres témoignages et la parole
même de la volonté surnaturelle, sous la sanction et la
protection de laquelle elle mettait ses découvertes et les
principaux aperçus de sa sagesse empirique. Ainsi, tandis
que, politiquement, elle ne participait en aucune manière
à la fondation du régime industriel, elle ne pouvait mentalement lui être d'aucun secours, et moralement elle lui était
opposée, en ce sens qu'elle plaçait ses aspirations dans le
domaine céleste et non dans le terrestre. Actuellement
même, elle se trouve plus incapable que jamais de régler
les positions relatives et les diverses aspirations du personnel industriel, par suite de son ignorance complète de la
nature humaine, chez laquelle elle nie absolument l'existence des dispositions bienveillantes et des facultés de so-
ciabilité, admettant que pour que le bien se produise dans
le cœur de l'homme, il ne faut rien moins qu'une manifes-
tation miraculeuse de la Volonté divine accordant la Grâce.

On constate ici, pour la doctrine théologique, une pure
fiction, et en plus une ignorance du cœur humain toute pa-
reille à celle des métaphysiciens relativement à l'âme et à
l'esprit de l'homme. Il nous suffira, pour éclairer ce sujet
de faire encore une fois appel au bon sens vulgaire. De
même que, pour les métaphysiciens, nous avons constaté
que l'âme ne consistait pas dans la seule intelligence, mais
dans le cœur, l'esprit et le caractère, de même nous indi-
querons ici aux théologiens, avec le cri populaire, que le
cœur se compose d'un sentiment d'attachement. d'un sentiment de respect et d'un sentiment de bonté, triple face du
sentiment général d'affection. Toute l'éducation consiste à
développer et à cultiver cette triple affection, une et di-
verse suivant que l'objet auquel elle s'applique est *égal, supérieur* ou *inférieur*. Telle est la base positive de la morale humaine, que développe spontanément l'ouvrier, en dé-
pit des doctrines arriérées et des séductions révolutionnai-

res. Mais c'est précisement cette culture du cœur humain
en vue des vrais intérèts humains, qu'à l'heure présente la
doctrine privisoire est incapable de donner, et c'est en raison de cette douloureuse fatalité, pr,bablement passagère,
que nous nous trouvons livrés aux séductions démagogiques
des prôneurs d'instruction quand même et sans mesure.

La Doctrine provisoire n'a donc d'autre explication des
phénomènes aussi bien physiques, que sociaux et moraux,
qu'une volonté ou cause surnaturelle. Or, s'il est une explication que repoussent comme une vraie fiction, comme
trop facile, illusoire et puérile les saines intelligences populaires, c'est surtout celle-là. De là le discrédit immense,
irremédiable dans lequel est tombée et tombe la doctrine
provisoire au sein du prolétariat.

Nec pueri credunt nisi qui nondum aere lavantur !

L'ouvrier, habitué de longue main à la démonstration et à la
preuve expérimentale, exige surtout et partout une doctrine démontrable. Il répugne essentiellement à se laisser imposer aucune croyance indémontrable, et ce serait se faire
une vaine et dangereuse illusion que se flatter du contraire.
Les centres industriels en sont là ; si les exploitations agricoles n'en sont pas arrivées à ce degré d'émancipation, c'est
qu'elles sont dans un état arriéré et dangereux dont il im-
porterait de les tirer. De là vient douc, pour les doctrines
régnantes, l'immense difficulté, de jour en jour croissante,
de pouvoir exercer une action modificatrice décisive sur le
milieu prolétaire. Au fond, les plus clairvoyants y ont re-
noncé et se contentent d'exploiter le domaine privé et restreint que nous allons faire connaître tout à l'heure. Une
autre partie cherche à s'emparer de la science et préconise
en désespoir de cause l'instruction comme moyen empirique et incertain de moralisation. Mais c'est tourner, en
réalité, dans un cercle sans issue.

La doctrine provisoire peut cependant encore rendre un
dernier service, en s'efforçant d'agir sur les mœurs pour
comprimer les instincts inférieurs et développer les sentiments supérieurs d'attachement pour le sol, pour la famille,
la ville natale, la patrie, les égaux ; de respect pour les supérieurs en richesse et en pouvoir ; de bonté pour les inférieurs, les faibles, les incapables et les animaux. Tel est le
domaine encore réservé aux dignes prêtres et dans la convenable exploitation duquel ils sont assurés de limiter les
ravages de l'instruction donnée au nom de la liberté et de
l'intérêt. Ils ne le peuvent faire qu'en prêchant surtout
d'exemple.

Mais ici, l'expérience nous apprend une chose très-significative, c'est la supériorité que le prêtre catholique pourrait avoir sur le prêtre protestant. Ceci doit se prouver. Le clergé catholique possède de l'âme humaine une connaissance à la fois empirique et organique à laquelle il ne manque qu'une systématisation scientifique pour être l'expression de la vérité positive. Outre sa séparation fondamentale si profonde et si juste quoique fictive de la nature humaine entre deux penchants : la Nature et la grâce, le clergé catholique a tenté un essai de systématisation des mauvais penchants, et un essai semblable pour les bons ou les vertus. C'est ce clergé qui a placé, avec une si haute raison, l'humilité et l'obéissance comme les sources de toutes les perfections, de tous les progrès moraux. Il est sorti de son sein un livre, l'*Imitation*, qui est la plus admirable peinture de la nature humaine. De plus, il a *tenté* d'instituer, par la confession, une cultnre quotidienne de l'âme et des facultés morales. A l'aide de cette admirable et profonde théorie, résultat du génie social de Rome *et* de la Grèce, à l'aide de la pratique journalière, le prêtie catholique en est venu à posséder le talent le plus rare et le plus précieux de manier les âmes, de les ouvrir et de lire dans leurs replis les plus secrets que ces âmes mêmes ouvrent avec complaisance à son œil de médecin et d'ami. Là est la puissance du clergé catholique. par là il peut rendre d'immenses services. Le clergé protestant, au contraire, partant du principe du libre examen qui exalte le moi humain et l'orgueil, dépourvu des moyens de pratiquer journellement l'âme humaine, en a perdu l'habitude et se voit refuser cette précieuse communication mê ie par les plus fidèles et les plus dévoués, à plus forte raison par les esprits actifs et fiers. Il contracte malgré lui une sécheresse, une raideur et une inaptitude générale qui éloigne de plus en plus de lui des âmes en qui la civilisation en progrès fait, au contraire, de plus en plus, rechercher les sentiments délicats et les jouissances du cœur. Ce sont là des résultats que tout esprit juste et non prévenu peut aisément vérifier.

Base de toute éducation et de toute saine instruction,

l'impulsion morale ne saurait procéder que du convenable développement et de la stimulation des trois facultés sociales dans le cœur de l'ouvrier, et surtout des facultés plus nobles de vénération et de bonté. Mais, dans ce dernier cas, une nouvelle face de la question s'élève, qui est celle de l'éducation même des chefs, afin de rendre ceux-ci dignes du respect et de l'amour de leurs subordonnés. Que les chefs ne se considèrent plus que comme les administrateurs de leurs entreprises et de leur fortune pour le bien de leurs subordonnés prolétaires, et aussitôt toute difficulté s'éloigne. Là est le nœud de la question, et s'il n'est pas résolu, c'est en vain qu'on travaillera à donner de l'instruction au peuple. Les effets en seront lents, incertains et souvent anarchiques. Tand s que, par l'effet de cette transformation de l'éducation des chefs, le respect entrera aussitôt dans le cœur de l'ouvrier, et, avec le respect, la consolidation et même l'augmentation de la fortune entre les mains du patron qui s'en sert dignement, l'attachement au sol, à la cité natale, à la patrie, la protection et la consolidation du sort de la femme prolétaire, par ce seul fait que, par une juste administration, il deviendra possible à l'ouvrier de se procurer une famille. Et ainsi s'éleveront d'un égal mouvement et se développeront sainement dans des proportions encore inconnues, toutes les facultés de l'âme humaine, aussi bien l'esprit, que le cœur et que le caractère.

CONCLUSION.

La société savante, dite Société d'Emulation, de Montbéliard, a refusé d'admettre les principes posés et les idées développées dans cet opuscule, composé pour le concours qu'elle avait institué au mois d'octobre 1867, sur la question que nous avons placée en tête de ce travail. Elle a écarté le présent ouvrage, tout en le proclamant *remarquable* et *digne du prix*. Elle a fait appel, pour le juger, à la passion confessionnelle, déclarant que l'auteur avait tenté de « démolir l'édifice des ancêtres, » et que si la commission exposait les idées de l'auteur devant l'assemblée générale de la Société, elle manquerait aux *convenances*. Nous méprisons trop de semblables procédés pour daigner les combattre, nous sommes persuadé que le bon sens public en a fait justice, et que le ridicule que ce jugement comporte est retombé sur ses auteurs ; nous voulons seulement faire remarquer dans quels traquenards sont exposés à choir les esprits trop confiants dans les lumières et l'impartialité de ceux qui osent proposer de telles questions, ouvrir des concours sur un pareil sujet, tout en se montrant à un tel point incapables. C'est d'ailleurs une épreuve que nous avons voulu tenter, et elle nous a pleinement confirmé dans ce dont nous nous doutions.

La Société d'Emulation de Montbéliard n'a aucune idée saine sur le sujet qu'elle s'est avisée de mettre au concours. Elle est travaillée d'une opinion renouvelée de Trissotin, et comme lui elle ne peut croire :

Que la Science soit pour gâter quelque chose.

Elle ne connaît pas le mot charmant et fin de Montaigne sur l'ignorance ; elles'est fait de l'ignorance une sorte de tête de Méduse, une quintaine contre laquelle elle lance ses imprécations politico-religieuses. Nous l'avons entendue souhaiter l'établissement « d'écoles secondaires dans les campagnes. » Les idées jnstes lui importent peu ; elle préfère les déclamations insensées contre « ce monstre, l'ignorance », fille de l'Espagne et de Rome. « Si les Prussiens ont inventé le fusil à aiguille, c'est parce qu'ils ont des maîtres d'école. » « Les nations qui n'ont pas de maîtres d'école sont des nations vaincues et destinés à l'esclavage. » Et mille autres insanités que l'on nous condamne à souffrir tous les jours. C'est là que la carte de M. Duruy a obtenu un beau triomphe !

Vous croiriez peut-être que c'est une folie douce à laquelle il ne faut accorder qu'une attention modérée, et vous remarqueriez non sans gaieté, que cette opinion si absolue sur l'ignorance n'est qu'une ignorance d'une espèce plus subtile et plus tenace. Mais les opinions sur la prépondérance intellectuelle, sur le règne de l'esprit, ont des racines déliées et profondes qu'il n'est pas facile de saisir, et les fruits en sont si pernicieux que l'on ne saurait mettre trop d'attention à les extirper. L'appréciation exagérée des besoins intellectuels éteint toujours le sentiment des besoins moraux ou sociaux. L'ivraie de l'esprit a étouffé le bon grain du cœur, L'esprit ne proclame jamais que le *moi*, la personnalité, l'égoïsme. Ce moi ne se reconnaît ni antécédents, ni conséquents; il ne voit l'ensemble du passé historique qu'avec une haine aveugle. Il cherche à régner seul parmi ses contemporains, et c'est pourquoi le parlementarisme révolutionnaire lui convient si fort; c'est pourquoi il prêche le déclassement à l'ouvrier. Fouillez dans ces petites assemblées savantes, et vous trouverez réunis constamment tous les caractères de l'athéisme, du matérialisme et du fatalisme, cela tient essentiellement à leur état retardataire, à leur spécialisme et à leur défaut d'ensemble, d'ordre hiérarchique et d'unité de vues.

Telles sont les sociétés qui réclament aujourd'hui l'instruction pour le peuple. Il ne pourrait sortir de ces mains dangereuses que des poisons pour le cœur et pour l'esprit.

Nous avons fait voir, d'une manière trop peu développée sans doute, l'état actuel des choses. Nous espérons que l'attention des esprits sincères et droits nous sera accordée. Nous nousadressons encore à ces mêmes esprits pour leur proposer le programme ci-dessous :

L'éducation populaire doit être organisée en France de la manière suivante :

1° INTELLIGENCE.

Un système général d'éducation universelle destiné aux deux sexes et commun à toutes les classes, et qui transmette ainsi à tous les notions abstraites fondamentales et essentielles, depuis les conceptions les plus élémentaires de la mathématique jusqu'aux théories les plus élevées de la Sociologie et de la Morale. Ce grand enseignement sera toujours terminé par la morale, qui en est le couronnement. Cette étude finale, à la fois théorique et pratique, fondée sur une connaissance approfondie et positive de la nature humaine et de la société, formule les règles qui fixent à l'abri de tout arbitraire les divers devoirs propres à la vie personnelle domestique et sociale, de manière à nous faire librement concourir à la grande existence collective de notre espèce.

2° SENTIMENT.

Organiser, en même temps que ce vaste système d'enseignement universel, un culte, c'est-à-dire un ensemble de réunions et de cérémonies dans lesquelles chacun de nous soit périodiquement ramené au point de vue général, que notre vie actuelle, si profondément dispersive tend à nous faire perdre de vue et à nous faire méconnaitre au détriment de l'ordre social comme à celui de notre bonheur privé.

3° ACTIVITÉ.

Instituer une direction politique : étant armés d'une doctrine à la fois systématique et réelle, qui seule peut diriger la pratique actuelle de la vie politique et sociale ; fournir, de temps en temps, par de convenables publications, à l'opinion publique, des indications rationnellement motivées qui puissent l'éclairer au milieu du désarroi croissant des idées en Occident.

Extrait de la vingtième circulaire adressée à chaque coopérateur du libre subside institué par Auguste Comte, pour le sacerdoce de l'Humanité.

On voit que le programme que nous transcrivons ici est conçu de manière 1° à réaliser, au delà de toutes les espérances, le vœu d'instruction populaire formulé tant de fois et jamais résolu par les sociétés savantes. 2° à faire marcher de front l'instruction et l'éducation ; 3° à régénérer, enfin, sinon à supprimer les susdites sociétés savantes devenues si déplorablement anarchiques.

Or, le triple but assigné dans ce programme a été poursuivi ; la solution de ces trois questions fondamentales a été instituée, depuis dix ans, avec une consistance et une extension de plus en plus grande, par la Société positiviste établie a Paris, rue Monsieur-le-Prince, N° 10, sous la direction de M. Pierre Laffitte.

Cette indication doit suffire ici.

EMILE MORLOT.

BELFORT. — IMPRIMERIE CLERC.